CATALOGUE
D'OBJETS D'ART
ET DE
HAUTE CURIOSITÉ.

EXPOSITION PUBLIQUE

Les dimanche 14 et lundi 15 décembre 1845, de midi à 5 heures.

PARIS

IMPRIMERIE ET LITHOGRAPHIE DE MAULDE ET RENOU,

Rue Bailleul, 9 et 11, près du Louvre.

—

1845

CATALOGUE
D'OBJETS D'ART
ET DE
HAUTE CURIOSITÉ,

Meubles en marqueterie de Boule et en bois de rose, ornés de plaques d'ancien Sèvres et de mosaïques de Florence, Bronzes anciens, Pendules, Lustres, Porcelaines anciennes de Sèvres, de Saxe, de Chine et du Japon; Statues, Groupes et Bas-reliefs en marbre et bronze ancien, Groupes en terre cuite de Clodion, belles Glaces dans leurs cadres sculptés, Ivoires, Emaux, Bijoux, etc.,

DONT LA VENTE AURA LIEU

Après cessation de commerce de Mme Ve JAMAR,

En vertu d'autorisation du Tribunal de Commerce de la Seine, du 30 septembre 1845,

HOTEL DE VENTES MOBILIÈRES,

SALLE N° 1,

RUE DES JEUNEURS, 16,

Les mardi 16, mercredi 17, et jeudi 18 décembre 1845, à midi.

Par le ministère de Me RIDEL, Commissaire-Priseur, 335, rue Saint-Honoré,

Assisté de M. THÉRET, Expert de la Chambre des Commissaires-Priseurs, rue des Saints-Pères, n. 38,

CHEZ LESQUELS SE DISTRIBUE LE PRÉSENT CATALOGUE.

EXPOSITION PUBLIQUE

Les dimanche 14 et lundi 15 décembre 1845, de midi à 5 heures.

PARIS

IMPRIMERIE ET LITHOGRAPHIE DE MAULDE ET RENOU,
Rue Bailleul, 9 et 11, près du Louvre.

1845

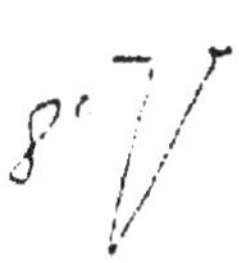

AVERTISSEMENT.

La vente importante que nous annonçons au public se recommande par une riche réunion d'objets d'art et de haute curiosité; de beaux meubles en mosaïque de Florence, en marqueterie de Boule et en bois de rose; de belles pendules anciennes; d'un choix précieux de vases en porcelaine de Chine et du Japon, et de belles porcelaines d'ancien Sèvres; de marbres et bronzes anciens, d'après l'antique, etc.

La variété et le beau choix de tous ces objets, qui ont si long-temps attiré, dans les magasins de madame Jamar, tous les amateurs de Paris et un grand nombre d'étrangers, doivent lui assurer, pour cette vente, le concours de sa nombreuse clientèle et celui de MM. les marchands. Elle ose compter, en cette circonstance, sur leur appui pour retrouver dans cette réalisation le prix de ses travaux et de ses soins.

Une seconde vente se composera notamment de tableaux et de modèles en cuivre, et sera annoncée par de nouvelles notices.

CONDITIONS DE LA VENTE.

Elle sera faite au comptant.

Nota. Les acquéreurs paieront, en sus des adjudications, 5 cent. par franc applicables aux frais.

DÉSIGNATION

BIBLIOTHÈQUES, MEUBLES A HAUTEUR D'APPUI, BUREAUX, PENDULES, CONSOLES, TABLES, TOILETTES EN MARQUETERIE DE BOULE, BOIS DE ROSE, ÉBÈNE, ETC., ORNÉS DE MOSAÏQUES DE FLORENCE, PLAQUES DE SÈVRES, RICHEMENT MONTÉS EN BRONZES DORÉS.

1 — Deux beaux meubles en ébène et marqueterie d'étain fond bleu lapis; les panneaux des portes et des frises sont en mosaïques anciennes de Florence, représentant des vases remplis de fleurs, entourés de beaux labradors, richement montés en bronzes dorés, dessus en marbre noir de Dinan à moulures.

Hauteur, 1 m. 21 cent.; largeur, 1 m. 2 cent.

2 — Deux grands meubles en ébène à filets de cuivre, ouvrant à trois vantaux et avant-corps, enrichis de 22 mosaïques de Florence, parties avec filets en lapis-lazuli, représentant des vases, des fleurs et des oiseaux richement montés, avec chutes et moulures en bronze doré, dessus en marbre portor.

Hauteur, 1 m. 26 cent.; largeur, 1 m. 73 cent.

3 — Deux belles bibliothèques anciennes,en marqueterie de Boule ; première et seconde
parties, de forme cintrée ouvrant à deux
vanteaux, avec glaces, ornées de belles
chutes et moulures en bronze doré.

Hauteur, 1 m. 67 cent.; largeur, 1 m.
35 cent.

4 — Deux très beaux meubles à hauteur d'appui,
en ébène à pans coupés, ornés de riches
cariatides et de chutes en bronze ciselé
et doré ; les panneaux et les frises sont
enrichis de belles mosaïques en relief représentant des vases en lapis et anses en
jaune antique, avec bouquets de fleurs de
différentes matières, tels que cornalines,
améthystes et autres, les dessus en marbre
de Dinan à moulures.

Hauteur, 1 m. 19 cent.; largeur,
90 cent.

5 — Une armoire à glace en marqueterie de
Boule, à pans coupés, en trois parties, ornée de cariatides, chutes et moulures en
bronze doré.

Hauteur, 1 m. 91 cent.; largeur,
95 cent.

6 — Un bureau à quatre faces avec dessus et côtés
en marqueterie de Boule, première partie,
à pieds de biche et forme cintrée, enrichi
de chutes, godron et moulures en bronze
doré.

Longueur, 1 m. 27 cent.; largeur,
74 cent.

7 — Deux beaux et grands coffres et marqueterie de Boule, partie et contre-partie, de forme carrée et cintrée, enrichis de chutes à enfants en bronze doré.

Longueur, 66 cent.; largeur, 46 cent.

8 — Un bureau à quatre faces avec dessus et côtés en marqueterie de Boule, à pieds de biche et forme cintrée, enrichi de chutes, godron et moulures en bronze doré.

Longueur, 1 m. 27 cent.; largeur, 74 cent.

9 — Un petit bonheur du jour en bois de rose et marqueterie, représentant différents ustensiles, tels que vases, livres, tasses, etc., garni de bronze doré.

10 — Deux consoles de forme contournée, à pieds torses, en bois d'ébène et palissandre, ornées de riches bouquets de fleurs en marqueterie ancienne.

·Longueur, 1 m., 20 cent.

11 — Deux belles bibliothèques en marqueterie de Boule, partie et contre-partie, ouvrant d'un seul vantail, partie pleine et partie à glace, richement ornées de chutes et moulures en bronze doré.

Hauteur, 2 m. 6 cent.; largeur, 1 m. 4 cent.

12 — Deux meubles à hauteur d'appui, à pans coupés, en marqueterie de Boule, en deux parties, ornés de chutes, mascarons,

frises et moulures, dessus en marbre noir.

Hauteur, 1 m. 25 cent.; largeur, 1 m.

13 — Deux petites bibliothèques à glaces, en marqueterie de Boule, première et seconde partie, ornées de bronzes.

Hauteur, 1 m. 92 cent.; largeur, 89 cent.

14 — Deux meubles à hauteur d'appui, marqueterie en trois parties, portes à glaces, ornés de consoles et moulures en bronze, dessus en marbre noir.

Hauteur, 1 m. 27 cent.; largeur, 89 cent.

15 — Un meuble du temps de Louis XIII, en ébène et bois de rose, enrichi de marbre et pierres dures, avec beaux ornements en bronze doré.

Hauteur, 2 m. 44 cent.; largeur, 1 m. 24 cent.

16 — Un beau meuble en marqueterie de Boule, fond bleu lapis, avec trophées et mascarons en bronze doré, dessus en marbre vert de mer.

17 — Deux riches consoles, forme contournée, en marqueterie de Boule, partie et contre-partie, richement montées en bronze doré, dessus en marbre vert de mer, moulures à gorges et à godrons.

Hauteur, 87 cent.; largeur, 1 m. 27 cent.

18 — Deux jolis petites torchères en marqueterie
de Boule, en trois parties, montées en
bronze.

Hauteur, 83 cent.

19 — Deux meubles à hauteur d'appui, ouvrant à
deux vanteaux, en marqueterie de Boule,
partie et contre-partie, enrichis de bronze
ciselés et dorés, dessus en albàtre oriental
plaqué.

Hauteur, 1 m. 3 cent.; largeur, 1 m.
16 cent.

20 — Deux jolis meubles en bois de rose, à hauteur d'appui, à pans cintrés, ornés de
vingt-deux plaques porcelaine ancien Sèvres, médaillons et bouquets de fleurs,
montés dans le style de Gouthière, en
bronze doré, dessus en marbre blanc.

Hauteur, 1 m. 7 cent.; largeur, 87
cent.

21 — Un petit bureau à quatre faces, de forme
contournée et marqueterie de bois sur
fond ébène, orné de chutes et moulures en
bronze doré.

22 — Deux meubles à hauteur d'appui, en bois
de rose, ornés de 54 plaques de Sèvres,
médaillons à figures et fleurs, avec riches
montures en bronze ciselé et doré, dessus
en marbre blanc avec moulure prise
dans la masse.

Hauteur, 1 m. 17 cent.; largeur,
89 cent.

23 — Une petite table ancienne, de forme contournée, en bois de rose et marqueterie, dessus formé d'une grande plaque en porcelaine d'ancien Sèvres pâte tendre , fond gros bleu de roi, avec beau médaillon de fleurs sur fond blanc, montures en bronze doré.

24 — Un beau meuble en marqueterie, ouvrant à deux vanteaux, avec médaillons en bronze, orné de chutes, mascarons et moulures en bronze doré, dessus en velours rouge d'Utrecht.

Hauteur, 1 m. 17 cent.; largeur, 1 m. 57 cent.

25 — Un joli petit bureau à quatre faces, en marqueterie de Boule, et à tablier, entre-jambes à x, fond et dessus en velours d'Utrecht, avec frise en marqueterie, richement monté en bronze doré.

26 — Un bonheur du jour formant secrétaire, en marqueterie de Boule, première partie, avec avant-corps à portes pleines, orné de bronze doré.

Hauteur, tout compris, 1 m. 56 cent.; largeur, 1 m.

27 — Un beau bureau à quatre faces en bois de rose, de forme carrée, enrichi de dix plaques en porcelaine d'ancien Sèvres pâte tendre, décors à rubans et guirlandes, fond turquoise, médaillons d'amours, richement monté en bronze doré.

28 — Un petit meuble à hauteur d'appui, forme
carrée, en ébène et marqueterie de bois,
orné de bronze, dessus en marbre noir.
Hauteur, 1 m. 8 cent. ; largeur, 88 cent.

29 — Un petit bureau à quatre faces, de forme
carrée, marqueterie en bois.

30 — Un petit meuble formant secrétaire, en bois
de rose, orné de quatre plaques en porcelaine ancien Sèvres, à médaillons
d'oiseaux et corbeilles de fleurs, monté en
bronze doré, dans le style de Gouthière.

31 — Deux petits meubles forme carrée, à hauteur d'appui, en ébène, portes pleines et
marqueterie de bois à fleurs, garnis de
bronze, dessus en marbre noir.
Hauteur, 1 m. 10 cent. ; largeur,
90 cent.

32 — Un petit bureau à quatre faces, en bois de
roses, de forme contournée, orné de bronze
doré.

33 — Une pendule en marqueterie, de forme
cintrée, ornements en bronze doré,
mouvement de Gauthier.

34 — Un petit coffre carré à pelote et en marqueterie, première partie.

35 — Un autre petit coffre à huit pans, formant
pelote, en marqueterie et bronze doré.

36 — Une petite pendule en marqueterie de
Boule, première partie, de forme cintrée,
monture en bronze doré.

37 — Un beau bureau à quatre faces, en bois de

rose, avec son dessus en basane rouge, orné de bronze doré.

Hauteur, 75 cent.; largeur, 63 cent.

38 — Une pendule en marqueterie de Boule, première partie, forme droite, avec sa console, monture en bronze doré.

39 — Une belle console en bois sculpté et doré, à jours, avec dessus en marbre.

Hauteur, 93 cent.; largeur, 1 m. 25 cent.

40 — Deux socles carrés en marqueterie, sur fond ébène, première et seconde partie, ornés de griffes et moulures en bronze doré.

41 — Un écran en bois doré, du temps de l'Empire.

42 — Deux caisses à fleurs en marqueterie de Boule, de forme carrée, première partie, ornées de bronze doré.

43 — Un petit coffre carré en marqueterie, trois parties avec filets en cuivre.

44 — Un encrier de bureau, de forme carrée, en marqueterie de Boule, orné de bronze doré.

45 — Une écritoire de bureau, en marqueterie de Boule, ornée de bronze doré.

46 — Une pendule en marqueterie, forme S, avec sa console, première partie, montée en bronze.

47 — Une toilette à glace, en laque de Chine, ornée de bronze.

48 — Une petite pendule de cheminée en marqueterie, première partie, ornée de
bronze doré.

———

LUSTRES, PENDULES, CANDELABRES, GIRANDOLES, FLAM-
BEAUX, FEUX, BRAS DE CHEMINÉES, COUPES ET CASSOLETTES,
ETC., EN BRONZE DORÉ.

49 — Une pendule ancienne, du temps de Louis XV,
du nom de Seydoux, à Versailles, représentant Hercule et la Fidélité, sur socle,
en marbre noir.

50 — Une pendule ancienne à vase, du temps de
Louis XV, en bronze doré sur socle en
ébène.

51 — Une grande pendule à vase et à amours,
style Louis XV, richement ciselée et dorée.

52 — Deux candelabres à six lumières, têtes de
satyres, socles ornés de trois enfants
supportant des guirlandes de raisin, riche-
chement ciselés et dorés.

Hauteur, 65 cent.

53 — Une pendule à vase et à cadran tournant,
Amours avec attributs de chasse en bronze
doré.

54 — Deux grands candelabres à huit lumières,
supportés par des figures d'enfants, d'a-
près François Flamand, sur socles rocaille en bronze doré.

Hauteur, tout compris, 1 m. 8 cent.

55 Une grande pendule en bronze doré or moulu :
Neptune, tiré du sujet du Char embourbé
du château de Versailles. Le socle est très
riche d'ornements, de chevaux marins et
de tritons.

Hauteur, tout compris, 95 cent.

56 — Une grande et riche paire de candelabres, à
dix lumières, supportés par des figures
de tritons, avec socle très riche d'ornements en bronze doré.

Hauteur, 90 cent.

57 — Une belle pendule à vase en marbre blanc,
du nom de Sarton, ornée de petites figures d'amours en bronze doré, surmontée d'un bouquet de fleurs.

Hauteur, 50 cent.

58 — Une grande et belle pendule ancienne :
sujets de l'Etude, en bronze ciselé et doré,
avec socle en ébène orné de frises, mouvement de Gilles l'aîné.

Hauteur, 55 cent. sur 66 cent.

59 — Une pendule rocaille, bronze doré or moulu,
Amour dans une niche.

60 — Une pendule rocaille, style Louis XV,
avec figures d'enfants, représentant l'As-
tronomie et la Musique, en bronze doré
or moulu.

61 — Une très belle pendule du temps de
Louis XV, par Imbert de Paris, représentant un Lion supportant un cartel

avec vase bien ciselé et doré, sur socle en marbre garni de bronze doré.

62 — Une petite pendule, style Louis XIII, en bronze doré, à clochetons.

63 — Une belle pendule ancienne, du nom de Bailly, à Paris, du temps de Louis XV, sur son socle richement ciselé et doré or moulu.

64 — Une pendule, style Louis XVI, en marbre blanc, Aubert l'aîné à Paris, surmontée d'un groupe d'enfants et sirènes, sur les côtés, des bas-reliefs et moulures ciselés et dorés.

65 — Une pendule du temps de Louis XV, sur socle en marbre blanc, sujet de la Justice et la Vérité; les figures en bronze vert antique.

66 — Deux grands candelabres, à huit lumières, supportés par des bacchantes et satyres, en bronze doré.
Hauteur, 82 cent.

67 — Une grande et belle pendule en bronze doré, représentant la Fontaine d'amour, sur riche socle en bronze doré rocaille.
Hauteur, 72 cent.

68 — Une petite pendule ancienne du temps de Louis XV, représentant la Prudence, en bronze doré.

69 — Une belle pendule, sujets de Pan et Apollon, sur socle en marbre blanc avec bas-reliefs en bronze doré.

70 — Une riche et magnifique pendule rocaille,
composée de six jolis groupes en porcelaine de Saxe, d'une monture parfaitement ciselée et dorée.

71 — Une jolie petite pendule ancienne à cadran
tournant, forme vase, style Louis XV,
ciselée et dorée.

72 — Deux jolis candelabres à bouquets de roses
et à cinq lumières, supportés par des enfants, d'après Clodion, sur socles canne-
lés à guirlandes de fleurs, bronze doré or
moulu.

73 — Une belle pendule à enfants, style Louis XV,
ornée de bas-reliefs en bronze doré.

74 — Une pendule rocaille, sur son socle, cadran
à cartouche ciselé et doré.

75 — Deux candelabres à cinq lumières, à amours
et à lis, en bronze doré, sur socle en marbre blanc.

76 — Une grande pendule représentant l'Amour,
sur socle en marbre blanc garni de guirlandes de fruits, en bronze doré or
moulu.

77 — Une pendule ancienne, du nom de Charles
Leroy, style Louis XV, ornée de bas-reliefs et de guirlandes de fleurs, surmontée
d'un trophée militaire en bronze doré or
moulu.

78 — Une grande paire de girandoles, à bouquets
de lis et à cinq lumières, supportées par

deux figures de femmes, sur socles canne
lés, en bronze doré or moulu.

Hauteur, 86 cent.

79 — Une jolie petite pendule ancienne, représentant les trois Grâces, du nom de Robert,
en bronze doré, sur socle en ébène avec
petites rosaces en bronze doré.

80 — Une pendule ancienne sur fût à colonne
cannelée, surmontée de deux tourterelles
en bronze doré.

81 — Une très grande et belle pendule, style
Louis XV, surmontée d'un groupe d'enfants
dans une niche ornée de fleurs, bien ciselée et dorée or moulu.

Hauteur, 1 m. 5 cent.; largeur, 72 cent.

82 — Une belle pendule à vase et à cadran tournant, sur son socle carré à pilastres, ornée
de quatre plaques d'ancien Sèvres.

Hauteur, tout compris, 56 cent.

83 — Une pendule : Vénus à la coquille, supportée par des chevaux marins et dauphins,
en bronze doré.

Hauteur, tout compris, 72 cent.

84 — Deux girandoles à deux lumières, supportées par deux figures de Pan et de Bac-
chus, en bronze doré or moulu.

85 — Un grand lustre à trente lumières, style
Louis XIV, en bronze doré or moulu.

86 — Un lustre à quinze lumières, style rocaille,
en bronze doré or moulu.

87 — Un petit lustre à quatre lumières, style Louis XV, en bronze doré.

88 — Un autre petit lustre, style Louis XV, à six lumières, en bronze doré.

89 — Un lustre, style de Boule, à douze lumières, en bronze doré.

90 — Un petit lustre à six lumières, genre de Boule, en bronze doré or moulu.

91 — Une paire de petits flambeaux en bronze doré, style Renaissance.

92 — Une grande paire de flambeaux, style Louis XVI, en bronze doré or moulu.

93 — Deux petits flambeaux, style Louis XVI, en bronze doré.

94 — Une paire de bras de cheminée à deux lumières, dits Tortillards, bronze doré.

95 — Une autre paire de bras de cheminée à enfants, en bronze doré.

96 — Une grande paire de feux à enfants, en bronze doré or moulu.

97 — Une autre paire à sphynx, en bronze doré.

98 — Une autre paire à rocaille, en bronze doré.

99 — Un lustre rocaille, à douze lumières, bronze doré.

100 — Deux petits bras de cheminée, style Louis XIII, en bronze doré.

101 — Une paire de feux à lions, bronze doré, avec leurs grilles en fer.

102 — Une paire de flambeaux, style Louis XVI, figures d'enfants, bien ciselés et dorés, garnis de leurs socles et cylindres.

103 — Une paire de petits flambeaux en bronze
doré, à trois cygnes argentés.

104 — Deux forts bras de cheminée à trois lumières, dits Tortillards, bronze doré or
moulu.

105 — Deux feux représentants des fleuves, en
bronze doré.

106 — Deux paires de bras de cheminées à trois lumières, dits Tortillards, en bronze doré.

107 — Deux petits candelabres à deux lumières,
supportés par des enfants, bronze doré
or moulu.

108 — Un encrier en bronze doré, rocaille, à
figure.

109 — Deux vases, forme Médicis, avec bas-relief,
représentants des cygnes, en bronze
doré.

110 — Deux petits candelabres rocaille à deux lumières avec figures et fleurs en porcelaine
de Saxe, montés en bronze doré.

111 — Deux petits flambeaux, style Louis XVI,
montés en bronze doré et marbre blanc.

112 — Deux grands bras de cheminée anciens à
trois lumières, à feuilles de vignes et
grappes de raisin, en bronze doré.

113 — Deux petits candelabres à quatre lumières,
sujet : l'Amour lancant un trait, sur socle
avec guirlandes, en bronze doré or moulu.

114 — Un très grand encrier rocaille, style
Louis XV, richement ciselé et doré.

115 — Une coupe, forme coquille, supportée par des tritons, socle rocaille en bronze doré or moulu.

116 — Deux cassolettes laquées et burgautées sur leurs trépieds en bronze doré, montés par M. Monvoisin père.

117 — Deux flambeaux en marbre blanc, montés en bronze doré.

118 — Une paire de flambeaux girandoles à deux lumières, style Louis XVI, en bronze doré.

119 — Une paire de flambeaux rocaille, à enfants entrelacés.

120 — Une paire de flambeaux, style Louis XIV, grand modèle.

121 — Une paire de girandoles à trois lumières, avec têtes de satyres.

122 — Une paire de flambeaux, grand modèle, style Louis XIV, supportés par trois enfants.

123 — Une autre paire pareille.

124 — Une paire de flambeaux, style Louis XV, grand modèle.

125 — Une autre paire rocaille, figures d'enfants entrelacés.

126 — Une paire de candelabres à quatre lumières, supportés par des figures.

127 — Une paire de girandoles à deux lumières, supportés par des enfants.

128 — Une paire de flambeaux, grand modèle, style Louis XV.

129 — Trois paires de flambeaux à cygnes argentés.

130 — Une paire de candelabres à trois lumières, supportés par des enfants.

131 — Un bougeoir, forme rocaille, en bronze doré or moulu.

132 — Un autre bougeoir : Amour couché, en bronze doré or moulu.

133 — Une paire de flambeaux de bureau, style Louis XVI, en bronze doré or moulu.

134 — Un éteignoir à dragon en bronze doré or moulu.

135 — Une paire de flambeaux rocaille en bronze doré or moulu.

136 — Une paire de flambeaux à enfants, bronze doré or moulu.

137 — Une paire de flambeaux, groupe d'enfants et écussons, en bronze doré or moulu.

138 — Une paire de grands flambeaux, enfants d'après Clodion, en bronze doré or moulu.

139 — Une paire de flambeaux candelabres à deux lumières, supportés par des enfants, en bronze doré or moulu.

140 — Une paire de flambeaux, style Louis XVI, richement dorés et ciselés.

141 — Une paire de flambeaux, figure de Diane, en bronze doré or moulu.

142 — Une paire de flambeaux, style de Boule, en bronze doré or moulu.

143 — Une paire de petits flambeaux, style Louis XVI, en bronze doré or moulu.

144 — Une paire de flambeaux à enfant portant lu-
mière, en bronze doré or moulu.

145 — Deux grands flambeaux, style Louis XVI,
en bronze doré or moulu.

146 — Un bougeoir en bronze doré or moulu.

147 — Un autre rocaille et papillons, bronze doré
or moulu.

LUSTRES, VASES, GRANDES COUPES, PLUSIEURS SERVICES DE
TABLE, PENDULES, TASSES ET SOUCOUPES, CABARETS,
ASSIETTES, ÉCUELLES, ETC., EN PORCELAINE D'ANCIEN
SÈVRES, MONTÉS EN NON MONTÉS.

148 — Un beau lustre à douze lumières, avec bouquets de fleurs et porcelaine d'ancien
Sèvres, fond bleu de roi, orné de médaillons de fleurs, monté par M. Monvoisin.

149 — Deux beaux vases, porcelaine de Sèvres pâte
tendre, fond gros bleu de roi, avec quatre
médaillons de fleurs sur fond blanc. Les
socles, de forme carrée, sont également
d'ancien Sèvres, ornés de quatre médaillons d'enfant et paysages d'après Boucher,
richement montés par M. Feuchère.
Hauteur, tout compris, 47 cent.

150 — Une grande et magnifique coupe avec couvercle, porcelaine d'ancien Sèvres pâte
tendre, fond turquoise, ornée de quatre
grands médaillons d'après Boucher, ri-

chement montée dans le style de Gouthière par M. Feuchère.

Cette pièce remarquable est peut-être la seule que l'on connaisse de cette dimension. La beauté des peintures et la richesse de la monture doivent fixer l'attention des véritables amateurs.

Hauteur, 71 cent.

151 — Deux très beaux vases en porcelaine d'ancien Sèvres pâte tendre, fond turquoise, ornés de médaillons à figures d'après Boucher. La richesse de la monture est très remarquable par le style et la finesse du travail.

Hauteur, 55 cent.

152 — Un beau vase en porcelaine d'ancien Sèvres, forme tulipe, fond rose, anses à jours, fleurs en relief, orné de deux beaux médaillons d'après Boucher.

Hauteur, 24 cent.

153 — Deux beaux vases, porcelaine d'ancien Sèvres pâte tendre, fond turquoise, ornés de quatre médaillons à figures d'après Watteau et Boucher, montés en bronze doré.

Hauteur, 46 cent.

154 — Une garniture de trois jolis vases en porcelaine d'ancien Sèvres pâte tendre, fond gros bleu de roi, monture ancienne, Gouthière en bronze ciselé et doré

155 — Une fort belle coupe en porcelaine d'ancien
Sèvres, fond bleu de roi, ornée de cinq
beaux médaillons de fleurs, richement
montée, par M. Feuchères, en bronze
doré à grappes de raisin et feuilles de
vignes, anses à mascarons et cornes de
béliers, style Louis XVI.

Largeur, 51 cent.

156 — Deux grands et beaux seaux, porcelaine
d'ancien Sèvres pâte tendre, décors anciens.

Hauteur, 20 cent.

157 — Une petite pendule : Chasseur couché, en
porcelaine d'ancien Sèvres, fond rose,
ornée de sept plaques, médaillons à figures, et fleurs sur le socle.

158 — Deux vases à parfums, porcelaine ancien
Sèvres, fond turquoise, à médaillons
montés en bronze doré.

159 — Deux vases fond turquoise, porcelaine de
Sèvres, de forme allongée, monture anses
à tritons, en bronze doré, par M. Feuchère.

160 — Une coupe, porcelaine d'ancien Sèvres, fond
blanc et turquoise, médaillon d'amour et
guirlandes de fleurs, montée en bronze
doré, style Gouthière.

161 — Un vase forme éventail, fond bleu de roi,
porcelaine d'ancien Sèvres, monté en
bronze doré.

162 — Un petit vase, porcelaine d'ancien Sèvres
pâte tendre, fond gros bleu, orné de

quatre médaillons à oiseaux, monté en bronze doré.

163 — Deux vases porcelaine d'ancien Sèvres, fond gros bleu, pâte dure, formant candelabres, anses à serpents, bouquets de lis et à six lumières, montés en bronze doré.

Hauteur, 80 cent.

164 — Deux jolis vases à côtes, fond gros bleu de roi, pâte tendre, ancien Sèvres, formant candelabres à cinq lumières, riche monture ancienne à bouquets de roses et cols de cygnes.

165 — Une écuelle et son plateau en porcelaine d'ancien Sèvres, fond vert et blanc, ornée de guirlandes de fleurs et insectes.

166 — Une belle coupe, porcelaine d'ancien Sèvres, fond rose, ornée de deux cartels et d'un grand médaillon, portrait de madame de Maintenon entouré d'amours, supportée par quatre dauphins et sirènes formant anses, en bronze doré.

Grandeur, 45 cent.

167 — Deux petites coupes en porcelaine d'ancien Sèvres pâte tendre, fond rose et médaillons de fleurs, montées en bronze doré.

168 — Deux jolies petites caisses de forme carrée, porcelaine d'ancien Sèvres, fond turquoise, ornées de quatre jolis médaillons, sujets d'amours et de fleurs. Ces deux caisses forment candelabres à lis à trois lumières, parfaitement ciselés et dorés.

169 — Un beau service, porcelaine d'ancien Sèvres, fond vert, à cartels d'insectes et médaillons de fleurs sur fond blanc, composé de 36 assiettes, 12 compotiers, 2 saladiers, 1 sucrier, 1 glacière.

170 — Un beau bol à pans, porcelaine d'ancien Sèvres, fond blanc à fleurs.

171 — Un grand et beau bol à pans, en porcelaine d'ancien Sèvres, fond vert, orné de quatre médaillons à oiseaux, richement monté en bronze doré.

172 — Deux vases à bouquets de fleurs et têtes de béliers, formant candélabres à quatre lumières, porcelaine de Sèvres pâte dure, beaux médaillons à figures et fleurs, monture ancienne en bronze doré.

173 — Deux beaux vases en porcelaine d'ancien Sèvres, grand modèle, fond blanc avec bouquets de fleurs.

Hauteur, 18 cent.

174 — Une belle écuelle en porcelaine d'ancien Sèvres, pâte tendre, anses à jours, fond blanc et décors à oiseaux. Le couvercle est surmonté d'un petit groupe de poissons et coquillages.

175 — Une jardinière en porcelaine vieux Vincennes, fond gros bleu à bouquets de fleurs, montée en bronze doré.

176 — Deux flambeaux rocaille anciens, ornés de fleurs en porcelaine de Sèvres, garnis de leurs cylindres.

177 — Un beau seau, porcelaine d'ancien Sèvres, fond gros bleu de roi, décors à vermicelle, orné de deux grands médaillons de fleurs et quatre petits cartels sur le bord.

Hauteur, 16 cent.

178 — Un encrier, porcelaine d'ancien Sèvres, fond turquoise, formant terrasse à trois compartiments, monture bronze doré.

179 —. Deux beaux seaux, porcelaine d'ancien Sèvres, fond turquoise avec médaillons, paysages et oiseaux.

180 — Un biscuit de Sèvres : Hercule étouffant l'Amour.

Hauteur, 41 cent.

181 — Une écritoire à trois compartiments, en porcelaine de Sèvres, fond turquoise et cartels de fleurs, montée en bronze doré.

182 — Un plateau de forme contournée, fond gros bleu, avec six pots à glace ornés de médaillons de fleurs en porcelaine d'ancien Sèvres.

183 — Onze belles assiettes en porcelaine d'ancien Sèvres, fond turquoise et médaillon d'enfant.

184 — Une belle écuelle avec son plateau, anses à jours, fond rose, ornée de sept cartels et médaillons de fleurs, en porcelaine d'ancien Sèvres pâte tendre.

185 — Une écritoire en porcelaine d'ancien Sèvres, décors à rubans turquoises et fleurs, montée en bronze doré.

186 — Un vase à parfum, porcelaine d'ancien Sèvres, fond turquoise, richement monté
en bronze doré, par M. Feuchère.

187 — Une coupe en porcelaine d'ancien Sèvres,
fond rose et vert, avec deux médaillons
d'amour, supportés par deux enfants en
bronze doré.

188 — Une petite coupe, porcelaine d'ancien Sèvres pâte tendre, fond gros bleu, montée
sur pied en cuivre doré.

189 — Un petit cabaret en porcelaine ancien Sèvres pâte tendre, composé d'un plateau
creux, deux tasses à cul de poule et leurs
soucoupes, un sucrier et un pot à crème.

190 — Un plateau de forme contournée en porcelaine de Sèvres pâte tendre, fond turquoises et fleurs.

191 — Un vase à parfum en porcelaine de Sèvres,
fond turquoise avec fleurs en relief.

192 — Un bel encrier en porcelaine d'ancien Sèvres, fond turquoise, à cartels d'oiseaux
et de fleurs, richement monté en bronze
dore.

193 — Un beau cabaret en porcelaine moderne de
la manufacture royale de Sèvres, fond
blanc, à dessins d'or en relief, composé
d'un grand plateau carré, coins arrondis,
une théière, quatre tasses à anses, un pot
à lait, un sucrier et une coupe.

194 — Un petit coffre de forme carrée, à coins arrondis, en porcelaine d'ancien Sèvres, fond

rose et turquoise, orné de huit médaillons
de fleurs, monté en bronze doré, par
M. Mouvoisin.

195 — Une belle écuelle, anses à jours, avec son plateau ovale, fond blanc et turquoise, orné
de sept médaillons oiseaux.

196 — Un beau plateau à jours, porcelaine d'ancien
Sèvres, fond turquoise et rose, formant
écritoire, bien monté en bronze doré.

197 — Une belle écuelle, anses à jours, et son plateau, en porcelaine d'ancien Sèvres, orné
de cartels à oiseaux, fond bleu de roi re-
haussé d'or, à vermicelle.

198 — Un petit sucrier en porcelaine ancien Sèvres
pâte tendre, fond turquoise, orné d'une
bordure de fleurs.

199 — Une tasse à la reine, fond gros bleu de roi,
avec quatre cartels et un médaillon d'a-
mours, en porcelaine de Sèvres pâte tendre.

200 — Une tasse forme litron, porcelaine d'ancien
Sèvres, fond gros bleu, médaillon à figure
de pêcheur.

201 — Une tasse et sa soucoupe, forme litron, porcelaine d'ancien Sèvres pâte tendre, fond
bleu doré, cartels et médaillon à figure.

202 — Une autre semblable, plus grande, turquoise
à médaillon d'oiseaux.

203 — Une tasse à la reine, fond gros bleu de roi,
porcelaine d'ancien Sèvres pâte tendre, à
deux cartels et médaillons d'amours.

204 — Une petite tasse et sa soucoupe, porcelaine de Sèvres pâte tendre, fond blanc et rose à guirlande de fleurs.

205 — Un pot à crème, fond gros bleu de roi à médaillon de fleurs, en porcelaine de Sèvres pâte tendre.

206 — Un sucrier, fond gros bleu, décors vermicelle, en porcelaine d'ancien Sèvres pâte tendre.

207 — Une tasse, forme litron, porcelaine d'ancien Sèvres, fond bleu lapis, médaillon corbeille de fleurs.

208 — Deux petites figures en porcelaine tendre, fond blanc : Vendangeur et Jardinière.

209 — Un bougeoir, soucoupe en Sèvres pâte tendre, fond turquoise, monture cuivre doré et bouquets de fleurs.

210 — Un petit enfant à cheval sur un dauphin, en porcelaine de Sèvres, fond turquoise rechampi d'or.

211 — Un bougeoir en laque, manche garni de petites fleurs de Sèvres, avec éteignoir, monture rocaille bronze doré.

212 — Quatre tasses à anses et leurs soucoupes, un sucrier, fond jaune, à cartouche de fleurs.

213 — Quatre assiettes en porcelaine de Sèvres pâte tendre, bord fond vert, et médaillons de fleurs sur fond blanc.

214 — Deux assiettes, dont une cassée, en porcelaine de Sèvres pâte tendre, l'une bord turquoise, et l'autre bord fond bleu de roi.

215 — Un sucrier et son plateau en porcelaine ancien Sèvres pàte tendre, fond blanc à petites fleurs.

216 — Sept assiettes en porcelaine de Sèvres pàte
tendre, fond turquoise et bouquets de
fleurs.

217 — Un petit plateau à huit pans rentrés, porcelaine de Sèvres pàte tendre, fond blanc.

218 — Deux plateaux carrés losanges, porcelaine
d'ancien Sèvres, fond blanc et bouquets
de roses.

219 — Un grand plateau à anses, porcelaine
d'ancien Sèvres, fond blanc, bouquets
barbeaux,

220 — Une tasse à la reine, fond beau bleu de roi,
cartels et médaillons d'amour, porcelaine
de vieux Sèvres.

221 — Une tasse et sa soucoupe, fond beau bleu
de roi, riches décors à médaillon d'oiseaux,
en vieux Sèvres.

222 — Une tasse et sa soucoupe, forme litron, fond
turquoise, médaillon d'oiseaux entouré
de rose, en porcelaine d'ancien Sèvres.

223 — Un petit seau en porcelaine d'ancien Sèvres,
fond vert, orné de deux médaillons de
fleurs.

224 — Une belle tasse et sa soucoupe dans son plateau carré, fond bleu lapis, ornée de
bouquets de fleurs, porcelaine d'ancien
Sèvres pàte tendre d'une très belle
qualité.

225 — Un petit cabaret composé de cinq pièces, deux tasses et leurs soucoupes, une théière, un pot à lait et un sucrier, porcelaine d'ancien Sèvres, fond bleu de roi, à beaux médaillons de fleurs.

226 — Une grande tasse et sa soucoupe, fond rose, en porcelaine d'ancien Sèvres, à médaillons de fleurs, ornée d'émaux turquoise.

227 — Une grande et belle tasse en porcelaine d'ancien Sèvres, fond bleu de roi, décors à vermicelle avec médaillons d'oiseaux.

228 — Deux vases, porcelaine d'ancien Sèvres, fond turquoise, à quatre médaillons de fleurs et guirlandes dorées, montés en bronze doré.

229 — Une cuvette et un broc, porcelaine de Sèvres, fond blanc à bouquets de fleurs.

230 — Deux plateaux ovales de forme contournée, fond blanc, bordure en or, en porcelaine de Sèvres.

231 — Un pot à eau et sa cuvette, en porcelaine de Sèvres, fond blanc et bouquets de roses.

232 — Deux saladiers et un bol en porcelaine d'ancien Sèvres, fond blanc à quadrilles, turquoise et médaillons à figures et oiseaux.

233 — Une grande verrière en porcelaine de Sèvres fond blanc.

234 — Deux plateaux de forme contournée, por-

celaine de Sèvres, fond blanc et bouquets
de fleurs.

235 — Une tasse et sa soucoupe en porcelaine de
Sèvres fond blanc.

236 — Cinq tasses à anses, porcelaine de Sèvres,
fond turquoise avec bordures de fleurs.

237 — Un porte-huilier à feuilles de choux, fond
blanc, en porcelaine de Sèvres.

238 — Un confiturier à deux compartiments, fond
blanc et bouquets de fleurs, en porcelaine
de Sèvres.

239 — Un encrier forme coquille, porcelaine d'ancien Sèvres, fond turquoise.

240 — Deux tasses en porcelaine de Sèvres, fond
turquoise, fleurs et arabesques.

241 — Un serre-papier, porcelaine de Sèvres, fond
turquoise, à enfans d'après François
Flamand.

VASES, POTICHES, COUPES, BUIRES, JARDINIÈRES, ASSIETTES,
BOLS, TASSES ET SOUCOUPES, FIGURES, ETC·, EN PORCELAINE
CÉLADON DE CHINE, DU JAPON, DE SAXE ET DE VIENNE,
LA PLUPART RICHEMENT MONTÉS EN BRONZE DORÉ.

242 — Une belle garniture composée de deux vases
et deux cornets en porcelaine du Japon,
richement montés en bronze doré.

Hauteur des vases avec la monture,
72 cent.; hauteur des cornets, 55 cent.

243 — Deux beaux vases, porcelaine céladon, fond rouge haricot, richement montés en bronze doré.

Hauteur, tout compris, 66 cent.

244 — Deux beaux vases à six pans, d'ancienne porcelaine de Chine, à miniatures et ornements Chinois, la monture, style ancien, est parfaitement ciselée et dorée.

Hauteur, tout compris, 61 cent.

245 — Un grand vase, forme potiche, porcelaine du Japon, richement monté en bronze doré, par M. Monvoisin, père.

Hauteur, 90 cent.

246 — Deux vases, porcelaine du Japon, richement montés en bronze doré.

247 — Deux vases, porcelaine de Chine céladon, fond vert tendre avec bouquets de fleurs en relief, anses à jours.

Hauteur, 64 cent.

248 — Une grande et belle potiche du Japon, riches décors.

Hauteur, 83 cent.

249 — Une grande jardinière, porcelaine de Chine fond rouge, émail en relief représentant des fleurs et oiseaux, richement montenée bronze doré. Le pied composé d'une sphère est supporté par des dauphins en bois sculpté et doré.

Hauteur, tout compris, 1 mèt. 17 cent.

250 — Deux grands vases, porcelaine céladon, fond vert tendre, ornés du dragon impérial,

surmontés par des bouquets de roses
formant candelabres à neuf lumières,
richement ciselés et dorés.

Hauteur, tout compris, 1 mèt. 36 cent.

251 — Un vase céladon, fond jaune et vert, anses
à jours, orné du dragon impérial.

252 — Un vase porcelaine, ancien bleu de Perse,
monture ancienne en bronze doré.

253 — Une théière et une assiette en porcelaine de
Sèvres, fond blanc et décorée.

254 — Une belle écuelle du Japon, montée en vermeil.

255 — Deux grandes figures à têtes mouvantes,
en porcelaine de Chine, formant candelabres à trois lumières, richement monté
en bronze doré.

Hauteur, tout compris, 64 cent.

256 — Un vase forme Lisbé, porcelaine de Chine
sur un fond laqué, à médaillon en relief
sujet chinois.

Hauteur, tout compris, 49 cent.

257 — Un beau vase en porcelaine céladon, fond
vert tendre, sur socle en bois de fer.

Hauteur, tout compris, 91 cent.

258 — Deux grands vases en porcelaine céladon,
fond vert tendre avec fleurs blanches en
relief.

Hauteur, 65 cent.

259 — Un vase de Chine, fond rouge et vert, monté
en bronze doré. Fracturé.

Hauteur, 35 cent.

260   Un beau vase forme Lisbé, fond bleu de l'Inde, riche monture ancienne, provenant du cabinet de feu M. le baron d'Ivry.
Hauteur, tout compris, 80 cent.

261 — Deux beaux vases en porcelaine céladon fleuri, fond bleu clair, formant candelabres à trois lumières, bouquets de lis, monture ancienne.

262 — Une garniture de trois vases, en porcelaine céladon, à six pans, fond bleu empois, avec bouquet de fleurs, bien montés en bronze doré.

263 — Un beau vase ancien en porcelaine de Chine, fond vert chagrin, fleurs et insectes en relief, orné de deux grands médaillons à figures et quatre autres petits, monté en bronze doré.

264 — Deux beaux vases en porcelaine céladon, fond rouge haricot, richement montés en bronze doré or moulu.
Hauteur, tout compris, 66 cent.

265 — Deux petites buires, porcelaine de Chine, montées en bronze doré.

266 — Deux petits vases, porcelaine de Chine à miniature, montés en bronze doré.

267 — Deux petites buires, porcelaine de Chine à fleurs rouges, montées en bronze doré.

268 — Une autre buire formant milieu, porcelaine de Chine, partie céladon et craquelé, montée en bronze doré.

269 — Deux cornets, porcelaine de Chine à médaillon de fleurs, ornements rouge et vert,
richement montés en bronze doré.

270 — Dix-huit assiettes, porcelaine de Chine à
miniatures, d'une belle conservation.

271 — Six belles assiettes, porcelaine de Chine,
avec cartouches et médaillons chinois.

272 — Six beaux compotiers, porcelaine du Japon,
riches décors bien conservés.

273 — Une théière, porcelaine de Chine, fond chocolat et médaillons de fleurs.

274 — Deux coupes, porcelaine du Japon, montées
en bronze doré.

295 — Trois vases et un cornet en céladon, fond
bleu empois.

276 — Un petit vase porcelaine de Chine, fond vert
céladon avec bouquets de fleurs en reliefs.

277 — Une paire de buires en porcelaine céladon
uni, fond vert tendre, montées en bronze
doré.

278 — Cinq petites tasses, porcelaine de Chine.

279 — Trois autres petites tasses, porcelaine du
Japon.

280 — Quatre autres petites tasses, porcelaine de
Chine.

281 — Cinq autres petites tasses en porcelaine de
de Chine, fond chocolat.

282 — Un sucrier, porcelaine de Chine, fond chocolat.

283 — Une cafetière, porcelaine de Chine, fond
chocolat.

3·

284 — Deux petits bols, porcelaine de Chine, à médaillons de fleurs.

285 — Un autre, fond jaune céladon, avec son plateau.

286 — Deux beaux bols, porcelaine du Japon.

287 — Une théière à anses, porcelaine de Chine, fond chocolat et fleurs bleues en relief.

288 — Une théière, terre de bocaro, surmontée d'un lion chimérique.

289 — Deux soupières et leurs plateaux en porcelaine de vieux Saxe, fond blanc avec décors et cartouches à oiseaux et fleurs; les couvercles sont surmontés de deux jolies figures tenant des cornes d'abondance.

290 — Une belle coupe, porcelaine d'ancien Saxe, fond blanc avec médaillons à figures et bouquets de fleurs, richement montée en bronze doré.

291 — Douze belles assiettes, porcelaine de Saxe, gaufrées et bouquets de fleurs.

292 — Dix-huit assiettes en porcelaine de vieux Saxe, gaufrées, bordure or et bouquets de fleurs.

293 — Un cabaret composé de vingt-neuf tasses et soucoupes, une grande cafetière, une plus petite, une théière, un sucrier, un bol et une boîte à thé, avec médaillons, paysages, figures et animaux, porcelaine de Saxe.

294 — Un plateau, porcelaine vieux Saxe, fond blanc à bouquets de fleurs.

295 — Une figure représentant l'Afrique, porcelaine de Saxe.

296 — Un petit chasseur, porcelaine de Saxe.

297 — Une belle écuelle et son plateau en porcelaine de Vienne, fond gros bleu de roi, ornée de médaillons de fleurs, genre de Sèvres.

298 — Huit belles assiettes, porcelaine de Vienne, fond gros bleu de roi, avec quatre médaillons, amours et trophées, genre de la manufacture de Sèvres.

BEAUX GROUPES, STATUES, BUSTES, GRANDS VASES, BAS-RE-
LIEFS, ETC., EN BRONZE, LA PLUPART ANCIENS.

299 — Deux beaux et magnifiques vases en bronze, forme Médicis, ornés d'anses à figures de femmes en ronde bosse, supportés par des têtes de béliers, enrichis de bas-reliefs, sujets de Diane chasseresse.

L'ensemble de ces vases se fait remarquer par une des meilleures exécutions de l'époque et la finesse de la ciselure.

Hauteur, 95 cent.

Grands socles bois peints en porphyre.

300 — Les deux renommées de la place Louis XV, beau bronze d'une belle exécution.

Hauteur, 65 cent.

301 — Les chevaux de Marly, deux beaux groupes
en bronze, supportés sur socles en marqueterie et bronze doré.

302 — Un Louis XIV terrassant la Fronde, bronze
ancien, sur socle en marqueterie, en deux
parties, orné de bronze.
Hauteur, 51 cent.
Ce bronze provient de la vente de
M. Alexandre Lenoir.

303 — Un bronze : Milon de Crotone.
Hauteur, 70 cent.

304 — Les lutteurs, bronze d'après l'antique, sur
socle en ébène richement orné de bronze.

305 — Deux grands vases, style Renaissance, couleur florentine, anses à mascarons, guirlandes de fruits et fleurs.
Hauteur, 53 cent.

306 — Un Laocoon, bronze d'une belle exécution.
Hauteur, 84 cent.

307 — Un buste de Voltaire, par Houdon, en bronze,
socle en marbre blanc avec moulures
sculptées.

308 — Un bronze ancien, représentant le Mercure
d'après Jean de Bologne, sur socle en
marbre noir, petit antique.
Hauteur, 58 cent.

309 — Les deux Renommées du Pont-Tournant,
beau bronze d'une parfaite exécution.
Hauteur, 60 cent.

310 — Un groupe en bronze : Enlèvement de Dé-
janire.
Hauteur, 80 cent.

311 — Un bronze : Hercule portant un sanglier.
Hauteur, 78 cent.

Ces deux bronzes sont d'une bonne
exécution et rappellent l'école florentine.

312 — Un bronze : Enlèvement d'Enée, sur son socle en marqueterie.
Hauteur, tout compris, 70 cent.

313 — Deux bronzes anciens : Hercule et Ariane.
Hauteur, 45 cent.

314 — Un beau bronze ancien : Hercule Farnèse.
Hauteur, 43 cent.

315 — Deux petits bronzes anciens représentant
des Centaures.

316 — Un Mercure en bronze, d'après Jean de Bologne, sur socle antique.
Hauteur, 60 cent.

317 — Une tête d'enfant, bronze ancien, sur socle
en marbre.

318 — Statue équestre de Louis XIV, bronze ancien, sur socle en bois noir à filets de
cuivre.

319 — Deux vases, forme Médicis, bronze vert
antique, anses à têtes de béliers, culots à
jours et piédouches en bronze doré.

Provenant de la vente de M. le baron
d'Ivry.

320 — Un petit bronze ancien, figure de femme.

321 — Un beau bas-relief, bronze ancien : jeux d'enfants.

322 — Un bas-relief rond, ancienne fonte : Apollon
et Marsyas.

323 — Deux tireurs d'arc, bronze ancien doré.

BUSTES, VASES, COUPES, TRÉPIEDS, OBÉLISQUE, GROUPES, MO-
SAÏQUES DE FLORENCE, EN MARBRE, TERRES CUITES DE DIF-
FÉRENTES ESPÈCES.

324 — Deux magnifiques groupes en terre cuite, par
Clodion, représentant l'Enlèvement de
Psyché. Ces groupes sont sur socles à
bas-reliefs ronde-bosse, de Marin, élève
de Clodion.

325 — Un buste : Apollon du Belvéder, d'après
l'antique, en marbre blanc, d'une forte
proportion.
Hauteur, 79 cent.

326 — Une paire de vases en marbre blanc sta-
tuaire, avec guirlandes en feuilles de chêne,
formant bas-reliefs, ornés de riches moulures.
Hauteur, 80 cent.

326 *bis*. — Une paire, idem.

327 — Une belle coupe en marbre brèche afri-
caine sur sa colonne.
Grandeur de la coupe 48.

328 — Un trépied en marbre vert, antique, sur
socle en marbre noir.
Hauteur, 62 cent.

329 — Un obélisque en marbre de Sicile.
Hauteur, 85 cent.

330 — Deux belles mosaïques de Florence anciennes, à oiseaux et ornements incrus-
tés dans des socles, avec moulures en
marbre blanc.

331 — Un petit tableau, mosaïque de Florence, représentant un oiseau.

332 — Un petit panneau en mosaïque de Florence,
représentant des fleurs.

333 — Deux socles en vert, antique.

334 — Deux socles en brocatelle.

335 — Deux socles, fond gris cervelas.

336 — Un socle en griotte d'Italie avec petit bas-
relief en bronze.

BAS-RELIEFS EN IVOIRE, GLACES, TABATIÈRES, BIJOUX, COU-
TEAUX ET OBJETS DIVERS.

337 — Deux beaux bas-reliefs en ivoire sculpté,
représentant la Cène et l'Adoration des
bergers.

338 — Deux bas-reliefs en ivoire sculpté, représentant des combats du temps de Louis XIV.

339 — Une grande glace de Venise à biseau avec très riche cadre en bois sculpté à jour de feuilles d'acanthe doré.

Hauteur, y compris la bordure, 1 mèt. 35 cent.; largeur 1 mèt. 90 cent.

340 — Une glace ancienne dans son cadre en bois sculpté à feuilles de chêne, doré.

Hauteur, 1 mèt. 15 cent.; largeur, 77 cent.

341 — Une petite glace ovale dans son cadre à jours sculpté et doré.

342 — Un encrier, laque de Chine, à trois compartiments, en ancien blanc de Chine, monture ancienne à rocaille.

343 — Un petit plateau en laque de Chine, monture galerie à jours en bronze doré.

344 — Quatre broches avec miniatures sur émail, pierres fines, jaserons, marcasites, montées en or et argent, qui seront divisés.

345 — Une boîte à cage en beau jaspe sanguin, montée en or.

346 — Cinq couteaux à manches en agate et viroles en acier.

347 — Deux manches de couteaux en ivoire sculpté.

348 — Un couteau à papier en porcelaine de Sèvres, fond turquoise, lame d'acier.

349 — Dix manches de couteaux en Sèvres, fond turquoise, à médaillons d'oiseaux.

350 — Douze beaux couteaux à manches en porcelaine de Saxe, fond blanc à bouquets de fleurs, lame en vermeil.

351 — Trois autres couteaux en porcelaine de Sèvres, décors turquoise à rubans, lames en
vermeil.

352 — Deux autres, manches en porcelaine de Sèvres,
lames en vermeil.

353 — Une boîte en porcelaine de Sèvres, fond
blanc à petites fleurs, monture en vermeil.

354 — Quatre étuis vernis Martin.

355 — Une boîte de forme ronde, en écaille, gorge
en or, avec mosaïque de Rome réprésen-
tant un chien.

356 — Une autre boîte en porcelaine de Sèvres,
fond blanc à grains d'orge, montée en argent.

357 — Cinq pommes de cannes en porcelaine de
Sèvres, de Saxe, de Chine, qui seront
divisées.

358 — Un bracelet en argent, genre indien.

359 — Une petite coupe en jaspe sanguin et pied en
cornaline.

360 — Trois plaques lapis, montées or et argent.

361 — Plusieurs lots de mosaïques, pierres fines,
pierres gravées, miniatures qui seront
divisés.

LE CABINET

DE

L'AMATEUR ET DE L'ANTIQUAIRE

REVUE MENSUELLE

PUBLIÉE PAR MM. EUGÈNE PIOT ET FRÉDÉRIC VILLOT.

3ᵉ Année.

Ce recueil paraît tous les mois par livraisons de trois feuilles (48 pages) grand in-4° avec planches et illustrations dans le texte. Outre des eaux fortes de MM. EUG. DELACROIX, TH. CHASSERIAU, L. MEISSONIER, ÉMILE WATTIER, etc., nous citerons parmi les travaux déjà publiés les articles suivants :

Sur l'étude des vases antiques par M. CH. LENORMANT. — Des faussaires en médailles, Jean Cavino et Alex. Bassiano Padouans (1ʳᵉ *partie*), par M. de MONTIGNY. — Considérations sur les graveurs en médailles et en pierres fines de l'antiquité, par M. RAOUL-ROCHETTE. — De l'architecture militaire au moyen âge, par MM. MÉRIMÉE et AB. LENOIR (*orné de 120 gravures sur bois*).

Histoire de la vie et des ouvrages de Bernard Palissy, par M. EUG. PIOT. — Description de quelques monuments émaillés du moyen âge, par M. DE LONGPÉRIER. — Histoire des armes de guerre, Panoplie antique et moderne, par M. GRANIER DE CASSAGNAC. — Traité d'orfévrerie de *Benvenuto Cellini*, traduit pour la première fois par M. EUG. PIOT. — Histoire du verre et des vitraux peints, par M. L. BATISSIER. (*Travail étendu, orné de dix planches de vitraux coloriés.*) — Exposition de l'industrie française *Orfévrerie et fonte des bronzes*, par M. FRÉD. VILLOT.

De la distinction des copies et des originaux en peinture, par M. TH. GAUTIER. — Réflexions sur la manière d'étudier la couleur, par J.-B. OUDRY (*manusc. inédit*). — Hubert et Jean Van Eyck, par M. V. SCHOELCHER. — Journal de voyages, correspondances et mémoires inédits D'ALBRECHT DURER. — David Teniers, par M. ARSÈNE HOUSSAYE. — Claude Gelée, dit le Lorrain, par M. EUG. PIOT. — Collection de tableaux de Charles Iᵉʳ, roi d'Angleterre, par M. KONRAD. — Catalogue général des ouvrages de peinture exposés au salon du Louvre depuis l'origine en 1699 jusqu'à 1789.

CATALOGUES RAISONNÉS des estampes gravées par Claude Lorrain, Raph. Morghen, Francisco Goya y Lucientes, Valentin Lefebre, etc., etc., et un grand nombre d'articles relatifs à la *biographie*, à la *numismatique*, aux *tableaux*, aux *estampes* anciennes, à la *curiosité*, et un *compte-rendu* très détaillé des *ventes publiques* de la France et de l'étranger. (Prix d'adjudication.)

ON S'ABONNE A PARIS, RUE LAFFITTE, 2.

PRIX : Pour Paris, 20 francs; pour les départements, 22 francs.

www.ingramcontent.com/pod-product-compliance
Lightning Source LLC
LaVergne TN
LVHW021156200726
843510LV00001B/396